Vente du Samedi 25 Novembre 1911

HOTEL DROUOT — SALLE N° 10

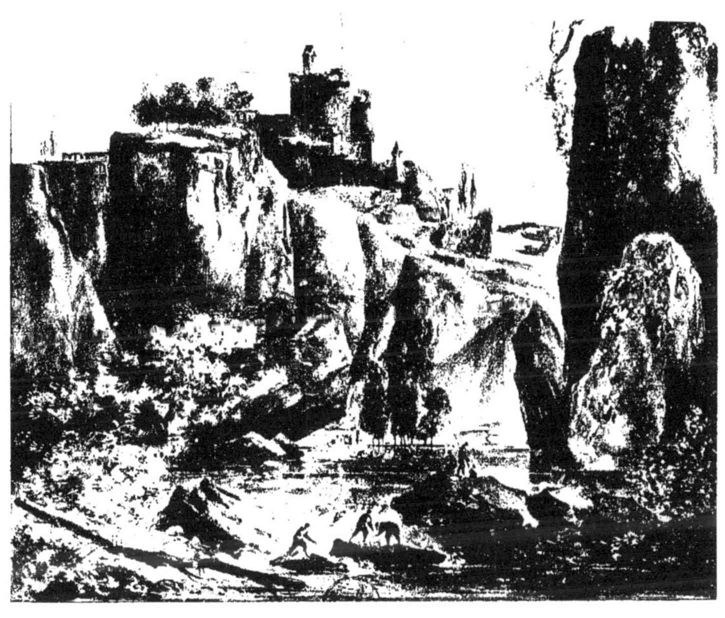

N° 100 du Catalogue.

DESSINS

ANCIENS & MODERNES

Mes A. DESVOUGES et G. AULARD

M. LOYS DELTEIL

EXPOSITION PUBLIQUE : HÔTEL DROUOT, SALLE N° 10

Le Vendredi 24 Novembre 1911, de 2 à 5 heures

FRAZIER-SOYE

Graveur-Imprimeur

153-157, RUE MONTMARTRE

PARIS

CATALOGUE

DES

DESSINS

ANCIENS

&

MODERNES

ŒUVRES

DE

A. BESNARD, BONINGTON, CHERET, FORAIN,
GUARDI, C. GUYS, HERVIER,
JONGKIND, LOUIS MOREAU, NICOLLE, HUBERT ROBERT
etc.

Dont la vente aura lieu

à Paris, HOTEL DROUOT, Salle N° 10

Le Samedi 25 Novembre 1911

à 2 heures précises

Par le Ministère de :

M° ANDRÉ DESVOUGES	M° GEORGES AULARD
COMMISSAIRE-PRISEUR	COMMISSAIRE-PRISEUR
26, *Rue de la Grange-Batelière*	6, *Rue Saint-Marc*

Assistés de M. LOYS DELTEIL, Graveur et Expert

2, *Rue des Beaux-Arts*

CONDITIONS DE LA VENTE

Elle sera faite au comptant.

Les adjudicataires paieront *dix pour cent* en sus des enchères.

M. Loys Delteil remplira les commissions que voudront bien lui confier les amateurs ne pouvant y assister.

MM. les Amateurs pourront visiter la collection, 2, *rue des Beaux-Arts*, du Lundi 20 au Jeudi 23 Novembre 1911, de 2 heures à 5 heures.

Exposition Publique, Hotel Drouot, Salle n° 10, le *Vendredi 24 Novembre 1911, de 2 heures à 5 heures.*

DÉSIGNATION

ANDRIEUX (A.)

1. Le Paysan à cheval — Un vieux Paysan. Deux dessins, le second aquarellé. Signés. Encadrés.

BERTHELEMY (E.)

2. Pêcheuses à marée basse. Peinture. Signée des initiales. Encadrée.

L. 220. H. 133.

BESNARD (A.)

3. La Femme à l'éventail. A l'encre de chine. *Signé et daté* : 1889.

L. 308. H. 239.

BOILLY (L.) ?

4. Les Galants militaires. Plume et encre de chine. Encadré.

BOISSIEU (J.-J. de)

5. Buste de Jeune Paysanne. Crayon et encre de chine. Signé du monogramme. Encadré. Cadre ancien.

H. 165. L. 130.

BONINGTON (R. P.)

6. Etudes de figures, scènes de marchés. Huit dessins ou croquis à la mine de plomb, un rehaussé d'aquarelle.

7. Figures diverses. Onze dessins ou croquis (3 rehaussés d'aquarelle).

8. Vues et Paysages. Huit dessins ou croquis à la mine de plomb.

9. Vues et Paysages. Neuf dessins ou croquis à la mine de plomb, un légèrement rehaussé.

10. Etudes de bateaux. Treize dessins ou croquis à la mine de plomb.

BONINGTON (attribué à R. P.)

11. Les Chaumières de pêcheurs. Peinture. Signée des initiales. Encadrée.

L. 138. H. 132.

BOTTINI (G.)

12. Aux Folies-Bergère? Aquarelle. *Signée.* Encadrée.

H. 350. L. 270.

BOUTET (Henri)

13. Croquis originaux ayant servi à l'illustration des « Déshabillés au Théâtre ». Dix dessins, la plupart rehaussés et réunis en 1 alb. in-4.

14. Croquis originaux sur « les Danseuses à l'Opéra ». Dix dessins, la plupart rehaussés de pastel et réunis en 1 alb. in-4.

CHÉRET (J.)

15. Femme assise au bar Au crayon brun. *Signé.* Encadré.

H. 355. L. 230.

16. Femme en travesti, assise. A la sanguine. *Signé.* Encadré.

H. 305. L. 175.

17. Jeune Femme assise. A la sanguine. Signé. Encadré.

H. 370 L. 235.

COURBOIN (Eug.) — CHENNEVIERE (Cécile)

18. *Belle couleur !* — La Lecture des journaux. Deux dessins, le premier rehaussé d'aquarelle.

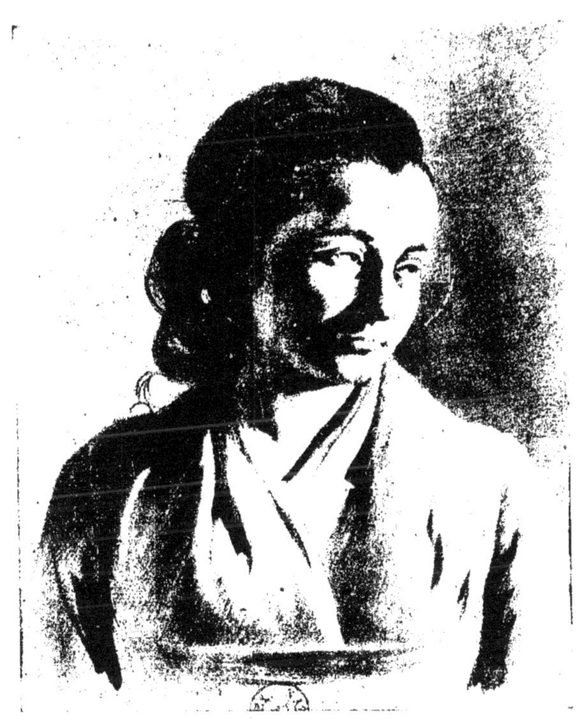

N° 5 du Catalogue.

DEBUT (Marcel)

19. La Forge, 1901. Fusain. Signé et daté. Encadré.
L. 528. H. 368.

20. Barques de pêche. Crayon noir avec rehauts de blanc. *Signé*.
L. 318. H. 220.

21. Dreux — Rue St-Sauveur, Caen — Gros temps à Yport. — Trois dessins à la plume. *Signés*.

DELAFONTAINE

22. Vues et Paysages. Dix-sept aquarelles. Cachet de la vente.

DE LA HOULYER

23. Un Rabbin — La Liseuse. Deux pastels d'apr. G. Dow. Signés et datés : 1790. Encadrés.
H. 585. L. 480.

DESHAYES (Eugène)

24. Barques à marée basse. Aquarelle gouachée. Encadrée. Cadre ancien.
L. 215. H. 165.

24 *bis*. Les Barques. Peinture. *Signée*. Encadrée.
H. 302. L. 227.

DETAILLE (Edouard)

25. Bonaparte à Marengo, photographie rehaussée de couleurs par l'artiste. Collection Valtesse de la Bigne. Encadrée.

DEVÉRIA (d'après Achille)

26. La Jeune Mère. Sépia. Encadrée. On y a joint un dessin d'après Le Poussin.
H. 190. L. 145.

DIVERS

27. La Prière. Aquarelle. Encadrée.
H. 140. L. 105.

28. Salon du Champ-de-Mars — Montgolfière fin-de-siècle — Hussard — Donjon — Un Lion. Cinq dessins par Alb. Guillaume, J. Berne-Bellecour, Robida et Bombled. Encadrés.

29. Sujets divers, 12 dessins ou aquarelles anciens et modernes, par Cochin fils, Wille, Avril, etc.

30. Sous ce n°, il sera vendu huit dessins encadrés, la plupart anciens.

31. Album contenant 75 dessins et aquarelles anciens et modernes.

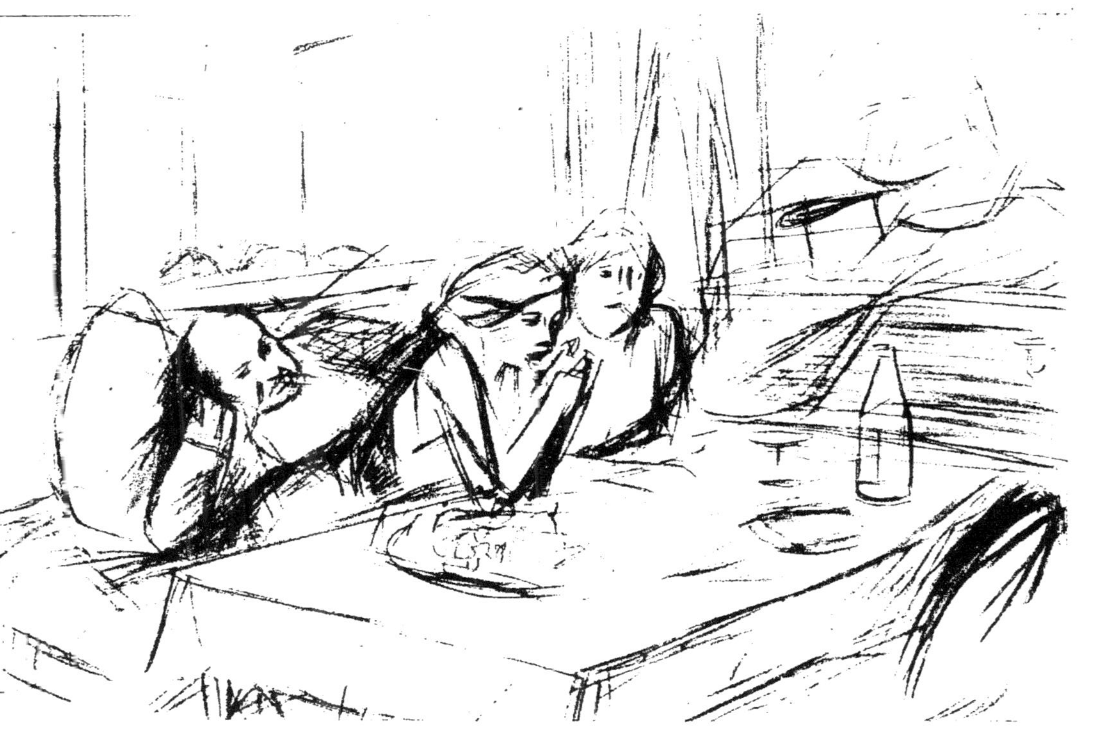

N° 62 du Catalogue.

D*** (J. A.) (École Hollandaise, XVIIIe siècle)

32. Les Pêcheurs. A l'encre de chine.
H. 246. L. 170.

DU JARDIN (Karel)

33. Le Paysage montueux. Plume, crayon et sépia. Sous-verre.
L. 198. H. 127.

ÉCOLES ANCIENNES

34. Jésus présenté au Temple. Sépia et gouache. Encadré.
H. 470. L. 350.

35. Enfants jouant au jeu de dames. A la plume, lavé d'encre de chine. Encadré.
L. 330. H. 132.

36. Sujets divers. Six dessins.

37. Figures d'Eglises, 6 dessins à la sanguine, 1775 — Figures diverses, Paysages. Ensemble douze dessins.

38. Sujets divers et Paysages, 11 dessins par ou attribués au Parmesan, Perino del Vaga, Spronck, Lépicié, etc.

ÉCOLE ANGLAISE (débuts du XIXe siècle)

39. Un Couple. A l'encre de chine, lavé d'aquarelle. Encadré.
H. 131. L. 099.

40. Portrait de Femme (D^{sse} de Berry ?). A la mine de plomb. Encadré.
H. 250. L. 175.

ECOLE FRANÇAISE (XVIIIe siècle)

41. Le petit Violoniste. Peinture. Encadrée.
H. 530. L. 430.

42. Le Maître d'École. Peinture. Panneau. Encadrée.
L. 450. H. 375.

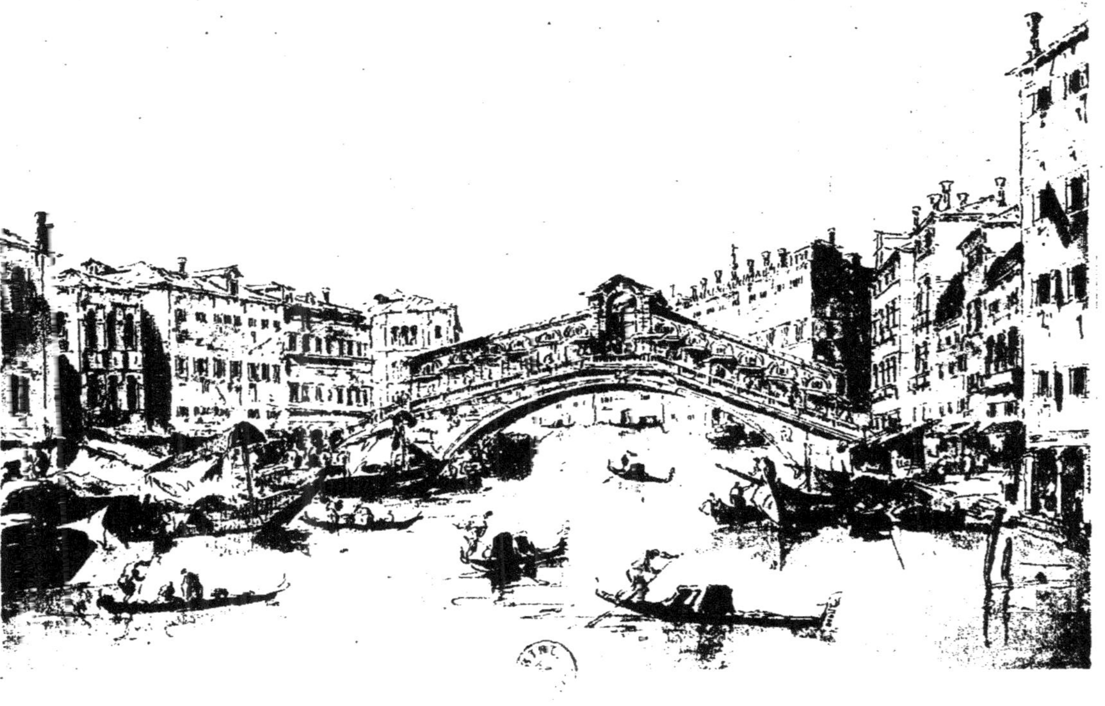

N° 71 du Catalogue.

43. La Chaumière au bord de l'eau. Peinture. Encadrée.

L. 525. H. 450.

44. Buste de Jeune Femme. Crayon noir et sanguine. De forme ovale. Encadré.

H. 342. L. 270.

45. Portrait d'Homme de profil à gauche. Crayon noir et sanguine. De forme ovale. Encadré.

46. Buste de Jeune Fille. Aux trois crayons. Encadré.

47. Personnage assis. Crayon noir avec rehauts de blanc.

48. Buste de Jeune Homme. A la sanguine. Encadré.

H. 170. L. 115.

49. Portrait de Femme — Portrait d'Homme. Deux dessins crayons sur papier bleu. Encadrés.

50. La Grange. Plume et sépia avec rehauts d'aquarelle. De forme ovale.

H. 259. L. 223.

51. Entrée de Parc. A la sanguine. Encadré.

H. 525. L. 390.

52. Le Parc. Contre-épreuve de sanguine. Encadrée.

L. 435. H. 325.

53. Le Forum. A la sanguine. Encadré.

H. 453. L. 335.

ÉCOLE FRANÇAISE (Débuts du XIXe siècle)

54. Portrait de jeune Femme. Peinture. Encadrée.

55. Portrait d'Homme. Peinture de forme ovale. Encadrée.

H. 118. L. 090.

ÉCOLE FRANÇAISE (XIXe siècle)

56. La Descente de Croix. Esquisse peinte. Encadrée.

57. Jeanne d'Arc sur son bûcher. Peinture. Encadrée.

H. 290. L. 225.

58. Le Giaour et le Pacha. Peinture. Encadrée.
H. 255. L. 225.

ÉCOLE HOLLANDAISE (XVIIe siècle)

59. Marine. A l'encre de chine, légers rehauts. Encadrée.
L. 225. H. 126

60. Vache. Contre-épreuve de sanguine.

ÉCOLE HOLLANDAISE (XVIIIe siècle)

61. Bacchanale. Plume et encre de chine.
H. 245. L. 200.

FORAIN (Jean-Louis)

62. Le Cabinet particulier. Crayon.
L. 285. H. 185.

63. Au Réveil. Crayon et plume.
H. 290. L. 270.

64. Danseuse à la barre. Crayon brun.
H. 255. L. 270.

65. Départ de soirée. Crayon et plume.
H. 270. L. 260.

66. Le Souper. Croquis pastellisé.
H. 460. L. 390.

67. Petite marchande de Fleurs. Plume et sanguine.
H. 280. L. 180.

68. Trois croquis, crayon ou encre de chine, un rehaussé.

GOUACHE

69. Les Blanchisseuses. Gouache. Encadrée.

GREUZE (Ecole de J. B.)

70. Buste de jeune Fille. A la sanguine. Encadré.
H. 380. L. 315.

GUARDI (F.)

71. Le Pont du Rialto, Venise. Plume, sépia et encre de chine.
L. 450. H. 305.

72. San Giorgio, Venise. Plume et sépia.
L. 440. H. 298.

73. La Porte St Marc, Venise. Plume et sépia.
L. 445. H. 292.

74. Une Place à Venise. Plume, sépia et encre de chine.
L. 447. H. 295.

GUYS (C.)

75. Le Retour des Vainqueurs. A la plume, lavé d'aquarelle. Encadré.
L. 205. H. 132.

76. La Revue. A la plume, lavé d'aquarelle. Encadré.
L. 282. H. 183.

77. La Danse en maison close. A l'encre de chine. Encadré.
L. 225. H. 148.

78. L'Amazone conversant. A l'encre de chine. Encadré.
L. 212. H. 148.

79. Amazone et Cavalier. A l'encre de chine. Encadré. Collection Nadar.
L. 194. H. 169.

80. Le Carrosse pontifical. A l'encre de chine.
L. 282. H. 190.

81. Au Cabaret. A l'encre de chine. Encadré.
H. 183. L. 146.

82. Chevaux et postillons. A l'encre de chine. Encadré.
L. 222. H. 155.

83. La Rencontre. Crayon et encre de chine. Encadré.
L. 236. H. 187.

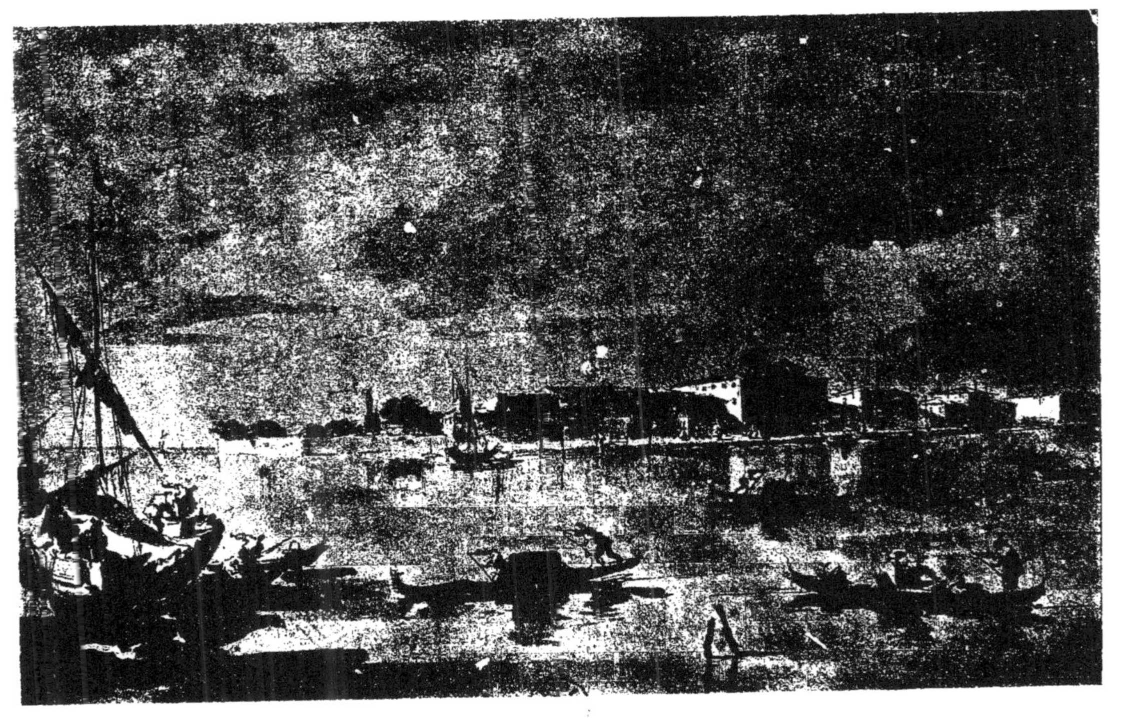

N° 72 du Catalogue.

84. Deux Femmes en toilette de soirée. A l'encre de chine. Encadré.

H. 210. L. 155.

85. L'Estaminet. A l'encre de chine. Encadré.

L. 360. H. 260.

86. Un Cent-Gardes. Aquarelle. Encadrée.

H. 400. L. 240.

87. La Sortie du Théâtre — L'Equipage — Les Cavaliers — Voiture de maître. Quatre dessins à l'encre de chine, un rehaussé d'aquarelle. Dans le même cadre.

HERMANN-PAUL

88. Le Vieux marcheur. Aux crayons de couleurs et à l'encre de chine. Signé. Encadré.

L. 395. H. 245.

89. Les Affaires — Au Bal de l'Elysée — Pour 25 fr. Trois dessins à la plume, *signés*.

90. Ames nationalistes — Emprunt Russe — Sur le passage d'Edouard. Trois dessins à la plume. *signés*.

HERVIER (Adolphe)

91. La Fruitière. Aquarelle. *Signée et datée* : Caen, 1874.

H. 159. L. 119.

92. La Barque de pêche. A la plume. Signé et daté : Dieppe, 1854. Encadré. Cadre ancien.

H. 137. L. 109.

93. La Barque n° 45. Aquarelle. Signée et datée : 1870. Encadrée.

H. 179. L. 132.

HUET (J. B.)

94. La Chèvre et ses petits. Crayon et sépia. *Signé et daté* : 1792.

L. 201. H. 155.

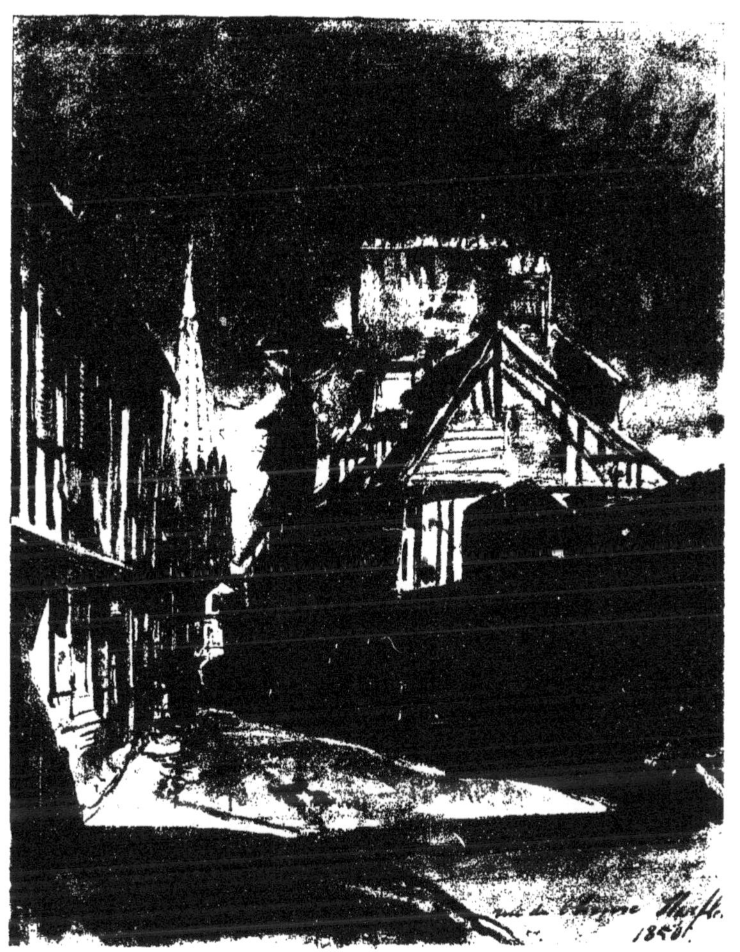

N° 95 du Catalogue.

JONGKIND (J. B.)

95. Rue de l'Heure, à Harfleur. Aquarelle. Signée et datée : *1850*. Encadrée.

H. 25: L. 196.

LAMI (Eugène)

96. Défilé de cavalerie. Crayon avec rehauts. Encadré.

L. 295. H. 220.

LANDELLE (Charles)

97. Etudes de Femmes, pour *Hercule délivrant Hésione*. Deux dessins au crayon. Encadrés.

LA RUE

98. Les Fêtes de l'Agriculture. Série de quatre dessins à la plume et à la sépia (trois rehaussés d'aquarelle). Encadrés.

L. (de chaque dessin) 260. H. 195.

LE BAS (J. Ph.)

99. Scène champêtre. Crayon.

L. 238. H. 186.

LUNOIS (Alex.)

100. Le Menuet chez Mme Ménard-Dorian, croquis signé des initiales.

L. 480. H. 378.

MAIGNAN (Albert)

101. Le Rêve de l'Artiste. Esquisse peinte. *Signée, dédicacée.*

L. 295. H. 230.

MARILLIER (P.)

102. Des Singes dans un paysage, composition pour une illustration. Crayon sur vélin. Encadré. On y a joint un portrait attribué à Cochin.

MICHEL (attribué à Georges)

103. Les Moulins de Montmartre. Peinture. Encadrée.

L. 395. H. 235.

MILCENDEAU (Ch.)

104. Vieux Paysan. Crayon noir. Signé et daté : 1896.
H. 320. L. 240.

MIRANDE (L.)

105. Maison principale et succursale — Oh ! cette fleur — J'arriverai jamais — Oui, elle a tout fait... — Bonjour Princesse. Cinq dessins à la plume, deux aquarellés.

MOREAU (Louis)

106. Le Château fort au sommet de la colline. Gouache. Encadrée. Cadre ancien. A figuré à l'Exposition de la Bibliothèque Nationale (n° 363).
H. 295. L. 259.

107. La Ruine près de l'Etang — L'Entrée du Parc. Deux gouaches se faisant pendants. Encadrées.
L. (de chaque gouache) 330. H. 215.

NADAR

108. Panthéon Nadar, 2 grandes compositions renfermant la charge des sommités littéraires et politiques de l'Epoque. Encadrées.

109. Sous ce numéro, il sera vendu 56 charges d'artistes et de littérateurs (dessins et lithographies). *Ce n° pourra être divisé.*

NANTEUIL (Célestin)

110. Le Lac — Les Chaumières — Les Roches. Trois dessins, crayon ou sépia.

111. Rochers, 1845 — Bords de rivière — Le Bouquet d'arbres — Porte de Jardin — La Chaumière entourée d'arbres. Cinq dessins.

112. La Cascade — A Cernay — La Vallée — Paysages divers. Six dessins.

NICOLLE (V. J.)

113. Sites d'Italie. Deux dessins à l'encre de chine, lavés d'aquarelle, formant pendants. Encadrés.
L. (de chaque dessin) 251. H. 158.

ORNEMENTS

114. Recueil factice de cinquante-trois dessins de divers maîtres italiens du xvie siècle et comprenant des surtouts de tables, sièges, coffrets, buffets d'orgues, cheminées, tables, détails de plafonds, etc.
Beau et intéressant recueil en un album in-fol., rel. anc.

PARROCEL (Charles)

115. Engagement de Cavalerie. A la sanguine. *Signé et daté :* 1750.
L. 37 . H. 206.

PATEL (P.) ?

116. Site d'Italie. Gouache. Encadrée. Cadre ancien.
L. 260. H. 195.

PICARD (Bernard)

117. Scène de l'Histoire ancienne. A la plume, lavé d'encre de chine.
L. 200. H. 138.

PILLE (Henri)

118. Composition pour une illustration. A la plume. Signée. Encadrée.

POULBOT

119. Exercice sportif sur une chaise — *Eh! bien, quand tu voudras avancer!!*, scènes enfantines. Deux dessins à l'encre de chine. *Signés.* Encadrés.

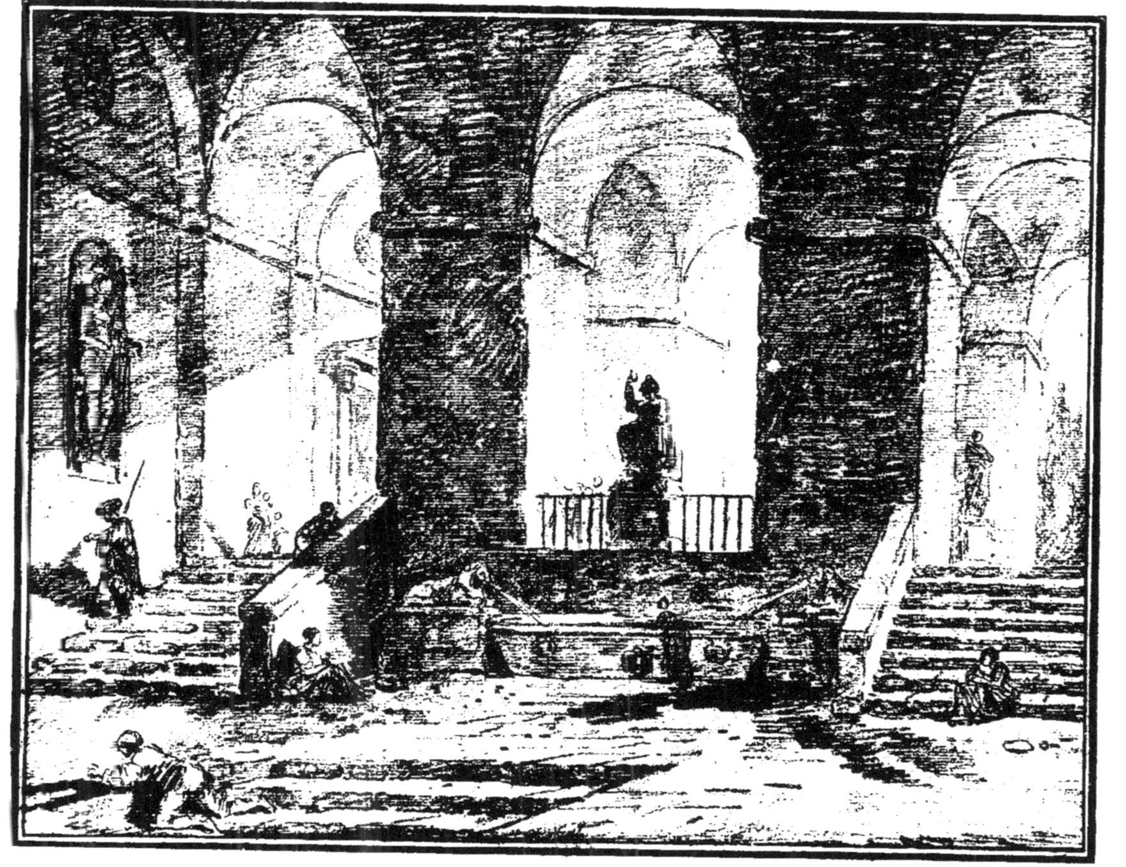

N° 122 du Catalogue.

REGNAULT (Henri)

120. Croquis pris au Maroc. Deux feuilles de croquis. Encadrées.

RIOU (Ed.)

121. Réunion mondaine sous le Second Empire. Encre de Chine avec rehauts. Encadré.

L. 510. H. 368.

ROBERT (Hubert)

122. La Galerie animée de personnages. A la sanguine. Signé en marge : *Robert, le jeudi 25 février 1776.*

L. 370. H. 292.

123. Sîte de Rome. A la pierre d'Italie. *Signé.* Collection Fleury-Hérard. Encadré.

L. 455. H. 345.

124. Le Parc. Contre-épreuve de sanguine.

L. 470. H. 345.

ROQUEPLAN (Camille)

125. Solitude. Aquarelle. Signée et datée : 1826. Encadrée.

H. 128. L. 082.

SCHMID

126. Figures de Carnaval, 1790. Six dessins à la plume, lavés d'aquarelle. *Signés* et *datés.*

SOMM (Henry)

127. Parisienne. Aquarelle. *Signée.*

H. 440. L. 310.

128. Lecture — Etudes de Femmes. Sept dessins rehaussés d'aquarelle (sauf un).

129. Etudes de Femmes. Vingt dessins ou croquis, plusieurs rehaussés de pastel ou d'aquarelle.

STEINLEN (Th. A.)

130. Côtier. Au crayon bleu. Signé.
H. 280. L. 238.

131. Consolation? Crayon noir, avec dédicace. Encadré.
H. 325. L. 275.

SUNYER (J.)

132. Music-Hall. Pastel. *Signé*. Encadré.
H. 242. L. 158.

SWEBACH-DESFONTAINES (J.)

133. Folard donnant des leçons de stratégie au Cte de Barce. A l'encre de chine, rehaussé d'aquarelle. A été gravé par Janinet. Encadré.
L. 140. H. 118.

TEN CATE

134. Bruges, effet de lune. Pastel. Signé. Encadré.
L. 400. H. 320.

TORENT (Evelio)

135. Marché en Bretagne — Scène bretonne. Deux dessins rehaussés de pastel. Signés.

136. Types bretons et espagnols. Quatre dessins rehaussés de pastel.

137. Types et Scènes d'Espagne. Six dessins ou croquis rehaussés de pastel ou d'aquarelle. *Signés*.

TRINQUESSE (d'après)

138. La Sortie du Bain. Peinture.
H. 320. L. 240.

VANLOO (Carle) ?

139. Etude de main et de coiffure. Crayon noir avec rehauts de craie. Encadré.
L. 370. H. 260.

VERNET (d'après Joseph)

140. Marine. Peinture. Encadrée.

VEYRASSAT (J. J.)

141. La Récolte des pommes de terre — Le Petit Pont — La Chaumière. Quatre dessins à la mine de plomb, sous deux cadres. On y a joint un dessin d'après Géricault.

VIDAL (Pierre)

142. La Danse au Moulin-Rouge. Pastel. *Signé et daté :* 1899. Encadré.

L. 318 H. 270.

VIGÉE-LE BRUN (d'après Mme)

143. La Musicienne Espagnole (Mme Vigée-Le Brun ?). Belle épreuve. Rare.

VIERGE (Daniel)

144. La Fumeuse de cigarette. Crayon, encre de chine et gouache. *Signé.*

H. 290. L. 215.

VOGEL

145. Religieuses conduites au supplice, scène de la Terreur. A la plume. Signé.

H. 310. L. 203.

WAILLY (de)

146. Le Parc. Aquarelle. Encadrée. Cadre ancien.

L. 507. H. 346.

WILDER (A.)

147. Le Marché. Aquarelle. *Signée.* Encadrée.

L. 495. H. 320.

148. Scènes de Marchés. Deux aquarelles, *signées et datées:* 1902.

WILLETTE (Adolphe)

149. *Obcénités*. A la plume, *avec dédicace*. Encadré.
H. 380. L. 280.

150. Sous ce numéro, il sera vendu quelques dessins non catalogués.

FRAZIER-SOYE

Graveur-Imprimeur

153-155-157, Rue Montmartre

PARIS

www.ingramcontent.com/pod-product-compliance
Ingram Content Group UK Ltd.
Pitfield, Milton Keynes, MK11 3LW, UK
UKHW020532180726
13839UKWH00005B/2462